GUIDE

OU

MANUEL DU COMMIS AUX VIVRES

INDISPENSABLE AUX COMPTABLES

ET A CEUX CHARGÉS DU CONTROLE A BORD,

OU

INSTRUCTION RÉGLEMENTAIRE

DU 11 AOUT 1838 SUR LA TENUE ET L'APUREMENT DE LA COMPTABILITÉ DES VIVRES A BORD DES BATIMENTS DE L'ÉTAT,

Suivie du règlement du 5 février 1823 sur la composition des diverses rations en usage dans le département de la Marine, modifié par une ordonnance du 31 janvier 1837 ;

ANNOTÉE PAR UN COMMIS DE MARINE ET LA SEULE AU COURANT, ELLE FORME LA 2me PARTIE DU DÉCOMPTEUR PAR M. VALENCE.

TOULON,

BELLUE, LIBRAIRE-ÉDITEUR,

MARSEILLE, même Maison ; PARIS, au dépôt des cartes de la Marine.

1847.

GUIDE

OU MANUEL DU COMMIS AUX VIVRES.

Draguignan, imprimerie de P. Garcin.

GUIDE

OU

MANUEL DU COMMIS AUX VIVRES

INDISPENSABLE AUX COMPTABLES

ET A CEUX CHARGÉS DU CONTROLE A BORD,

OU

INSTRUCTION RÉGLEMENTAIRE

DU 14 AOUT 1838 SUR LA TENUE ET L'APUREMENT DE LA COMPTABILITÉ DES VIVRES A BORD DES BATIMENTS DE L'ÉTAT,

Suivie du règlement du 5 février 1823 sur la composition des diverses rations en usage dans le département de la Marine, modifié par une ordonnance du 31 janvier 1837,

ANNOTÉE PAR UN COMMIS DE MARINE ET LA SEULE AU COURANT, ELLE FORME LA 2me PARTIE DU DÉCOMPTEUR PAR M. VALENCE.

TOULON,

BELLUE, LIBRAIRE-ÉDITEUR,

MARSEILLE, même Maison ; PARIS, au dépôt des cartes de la Marine.

1847.

INSTRUCTION

RÉGLEMENTAIRE

SUR LA TENUE ET L'APUREMENT DE LA COMPTABILITÉ DES VIVRES A BORD DES BATIMENTS DE L'ÉTAT.

(11 AOUT 1838.)

ARTICLE PREMIER.

Nomination, embarquement et solde des préposés des vivres à bord des bâtiments de l'État.

Les commis et autres préposés nécessaires au service des subsistances à bord des bâtiments de l'État sont nommés par le préfet ou le chef maritime, sur la présentation du directeur des subsistances, conformément à l'article 7 de l'ordonnance du 13 décembre 1830.

On se conformera pour le nombre, les grades et la paye de ces préposés, au tableau arrêté par le ministre le 2 septembre 1837.

Le bureau des revues et armements continuera de payer aux commis des vivres, *entretenus* à terre ou embarqués, la solde, les accessoires de la solde et les frais de bureau. Les autres préposés non entretenus recevront de ce bureau chacun 36 francs par mois.

Les compléments et suppléments de solde et les frais

de bureau dus à ces derniers restent seuls à la charge du service subsistances.

Les préposés des vivres embarquants seront retraités par assimilation aux autres gens de mer, d'après la loi du 18 avril 1831.

ART. 2.

Protection à accorder aux préposés des vivres, et défense de les maltraiter.

Les préposés des vivres doivent recevoir toute protection à bord de la part des officiers, et surtont du commandant du bâtiment. Il est défendu de les maltraiter ou molester ; et s'ils éprouvaient quelques mauvais traitements de la part des gens de l'équipage, le commandant devra en faire une justice exemplaire.

Si le commis éprouvait un déni de justice, il ferait le sujet d'une plainte qu'il remettrait au commis d'administration ; celui-ci l'adressera au chef maritime du port dont dépend le bâtiment, pour être transmise au ministre avec son avis. Le commis des vivres en remettra, de son côté, une copie au directeur des subsistances.

Si, à bord d'un bâtiment en mer, un commis des vivres se rend coupable de quelque délit, le commandant du bâtiment fera constater les faits ; et, s'ils sont de nature à exiger que le commis soit suspendu de ses fonctions, cet officier ordonnera son remplacement, après s'être fait indiquer par écrit, par le commis d'administration, celui des agents des vivres, ou, à défaut, celui des gens de l'équipage le plus en état de remplacer ce comptable. Le nouvel agent responsable ne recevra que le supplément accordé par le tarif du 2 septembre 1837 aux seconds commis ou aux distributeurs remplissant, à défaut de titulaires, les fonctions de comptable.

Il sera dressé un inventaire des vivres et des ustensiles existant à bord, lequel sera signé par le commis d'administration, les deux comptables, l'officier chargé du détail, et visé par le commandant; et il en sera rendu compte au chef maritime du premier port de France où le bâtiment relachera.

Les punitions que les commis et les autres agents des vivres pourraient avoir méritées seront subies dans le local destiné à la distribution des vivres, de manière à ce qu'ils puissent surveiller l'emploi des denrées qui leur sont confiées.

En aucun cas (excepté celui de péril imminent et de salut commun) le commandant d'un bâtiment ne pourra obliger les préposés des vivres à travailler à la manœuvre, ni les employer à des travaux autres que ceux du service pour lequel ils sont embarqués.

ART 3.

Remises des rôles de rations, registres et casernets du commis.

A l'armement d'un bâtiment, le commis comptable

qui y est destiné recevra de la direction des subsistances un registre ou plusieurs (selon la durée de la campagne) conformes au modèle imprimé et envoyé dans les ports, ainsi qu'une instruction et un casernet portatif pour l'inscription journalière, tant des fournitures qui lui seront faites, que des payements qui auront lieu pour supplément de solde.

Ces inscriptions se feront, en France, par les directeurs des subsistances ; dans les colonies françaises, par les administrateurs coloniaux ; et, en pays étrangers, par les consuls de France, ou, à défaut, par le commis d'administration du bâtiment.

Tous les objets laissés à terre ou délivrés en excédant des bons de fournitures seront détaillés sur ces bons ; leur importance sera reconnue dans l'acquit du comptable, et, en cas d'absence, par le sous-commissaire chargé de l'inspection des subsistances.

Le commis d'administration recevra du bureau des armements les rôles de rations et autres imprimés du service vivres qui lui seront nécessaires pour la durée de la campagne que le bâtiment devra entreprendre.

ART. 4.

Demande et expédition des vivres de journalier.

Aussitôt que le commis d'administration aura été prévenu que le journalier d'armement doit s'ouvrir, il obtiendra du chef maritime du port l'ordre de fourniture des vivres de journalier, conforme au modèle imprimé ; il remettra cet ordre au commis des vivres, avec un extrait de revue revêtu des signatures nécessaires, afin que ce dernier établisse au dos de cette pièce sa demande des espèces et quantités de denrées nécessaires à la subsistance de l'équipage pendant le nombre de jours pour lequel l'extrait de revue sera délivré.

Il ajoutera aux quantités nécessaires en boissons et en viande fraîche un supplément de 5 p. 0/0 pour subvenir au déchet de la distribution de ces denrées.

Cette demande se renouvellera dans la même forme, c'est-à-dire sur un extrait de revue, aussitôt que la première prise de vivres sera épuisée, et ainsi successivement pendant toute la durée du journalier de port et de rade, en observant que chaque extrait de revue devra être toujours accompagné de la feuille de mouvements, justifiant la consommation des vivres fournis précédemment.

Ces prises de vivres devront, autant que possible, être faites tous les dix jours.

Les mêmes formalités seront remplies pour l'ouverture du journalier de relâche et pour les expéditions de vivres qui doivent suivre.

Art. 5.

Demande et expédition des vivres de campagne.

Lorsque le commis d'administration aura reçu l'avis que les vivres de campagne doivent être mis à bord, il réclamera du chef maritime du port l'ordre d'embarquement de ces vivres, et le remettra au commis comptable, qui devra le déposer immédiatement à la direction des subsistances, afin d'en obtenir les bons ou ordres de livraisons des denrées. On comprendra dans les quantités à fournir un supplément de 10 p. 0/0 sur la farine et le biscuit, et de 12 p. 0/0 sur les boissons, pour subvenir aux déchets et coulages qui ont lieu pendant la campagne ainsi qu'au déchet de distribution.

ART. 6.

Livraison des vivres.

Ces bons ou ordres de fournitures, soit de vivres de journalier, soit de vivres de campagne, seront présentés aux gardes-magasins par le commis comptable, qui les acquittera après que la livraison des denrées y mentionnées aura été effectuée; mais elle ne devra l'être qu'en présence de l'officier de corvée et du commis d'administration, qui signeront leur *vu livrer* ainsi qu'il est établi sur l'imprimé y relatif.

Le garde-magasin remettra de son côté à l'officier de corvée un bordereau détaillé des espèces et quantités de denrées dont il aura fait la livraison.

ART. 7.

Transport des vivres et leur placement à bord.

Tous transports de vivres et d'ustensiles, tant des

magasins des subsistances à bord des bâtiments de l'État, que des vaisseaux dans les magasins, seront faits dans des chaloupes ou autres embarcations, soit des bords, soit de l'arsenal, montées des hommes nécessaires pour ces opérations.

Si, dans le transport, les vivres venaient à être avariés ou perdus, soit par des voies d'eau, abordage, échouage, naufrage, incendie et demâtage des embarcations, soit par des accidents que le commis n'aurait pu prévenir ou éviter, il en sera dressé procès-verbal, pour la décharge du comptable, pour la liquidation de la denrée perdue, et pour en obtenir le remplacement, mais ce remplacement ne s'effectuera qu'autant que le chef maritime du port l'aura autorisé sur le procés-verbal qui lui sera présenté à cet effet.

Le commis des vivres devra, non-seulement suivre le transport des denrées, à bord et du bord dans les magasins, mais encore être présent à leur arrimage dans le vaisseau, afin que, connaissant les lieux où elles sont placées, il puisse les faire soigner convenablement, c'est-à-dire faire rabattre les futailles qui en auraient besoin, saumurer les salaisons, etc.

Avant l'embarquement des vivres de campagne, ce commis visitera les soutes destinées à les recevoir, ainsi que les pièces d'armement devant contenir le vin, et, s'il jugeait qu'il y eût quelques précautions à prendre pour assurer la conservation de ces vivres, il ferait à ce sujet les représentations convenables aux officiers du bâtiment, et en rendrait compte au directeur des subsistances.

Si, après le placement des vivres à bord, le commandant jugeait convenable de faire fermer à clef les cales et soutes qui les renferment, les cadenas à y apposer devront être doubles, afin que l'une des clefs soit remise au comptable, et l'autre réservée par l'officier chargé du détail.

ART. 8.

Ordre à suivre dans la consommation des vivres de campagne.

Le commis se conformera, dans l'emploi des vivres de campagne, aux tableaux de distribution des repas et de composition des rations établis ci-après. Cependant, comme il peut arriver que la situation des approvisionnements du port fasse apporter quelques modifications au règlement général des repas, en remplaçant une denrée par une autre, l'inscription de ces vivres sur le casernet portatif du commis, devra toujours être émargée du règlement de rations qui aura été suivi pour leur délivrance.

Il est enjoint au commis de faire consommer dans les commencements de la campagne les denrées susceptibles d'une conservation moins longue, notamment le vin de journalier, embarqué pour le premier mois, et qui doit être, par cette raison, placé dans l'arrimage, au-dessus du vin de campagne;

le biscuit le plus anciennement fabriqué ; celui qui n'aurait pu être contenu dans les soutes, et en général toutes les denrées dont la consommation serait plus pressante.

Il lui est particulièrement défendu de délivrer, pendant la durée du journalier de port et de rade, aucune portion des boissons et denrées embarquées pour la campagne.

Art. 9.

Distribution des vivres à bord, et composition des rations.

Les rations continueront d'être distribuées par plats de sept hommes, mais les viandes et légumes seront pesés une seule fois par jour, selon l'usage, pour être aussitôt livrés au coq et placés dans la chaudière.

La composition des repas, c'est-à-dire les espèces et quantités de denrées distribuées chaque jour, seront inscrites sur un casernet ouvert à cet effet à la cambuse, lequel sera arrêté par la commission qui aura assisté aux distributions.

Les rations seront composées conformément au règlement joint à l'ordonnance du 5 février 1823 modifié par celle du 31 janvier 1837.

Lorsque l'équipage d'un bâtiment ne sera pas encore aux deux tiers complet, le bois devra être délivré, non en raison de la force du bâtiment, mais en raison du nombre d'hommes, d'après les quantités fixées pour les passagers.

Art. 10.

Justification des rations consommées, et envoi des pièces de comptabilité.

Pour la justification des rations de journalier, le commis d'administration délivre au commis des vivres, à la fin de chaque prise de vivres, une feuille de mouvementt conforme au modèle imprimé, présentant le nombre des rations qui ont été consommées chaque jour, et le commis des vivres après s'être assuré que cette feuille est en rapport avec les distributions qu'il a faites, la remet à la direction des subsistances.

Les rations de campagne consommées se justifient par des états mensuels de mouvements à la mer, certifiés par le commis d'administration, reconnus et signés par le commis des vivres, et visés tant par l'officier chargé du détail que par le commandant du bâtiment.

Les commis d'administration ne devront négliger aucune occasion pour envoyer ces feuilles au port d'armement : cet envoi est essentiel, surtout à la fin d'une année. Ils joindront aux feuilles de mouvements de décembre le complément des états justificatifs des fournitures faites en dehors du service rations, ainsi que des recettes et des remises effectuées depuis le départ du bâtiment, les procès-verbaux et autres pièces à employer, tant au débit qu'au crédit du comptable; enfin l'inventaire des vivres et des ustensiles restant à bord au 31 décembre.

Il est entendu que si, au moment du départ du bâtiment, il s'était trouvé à bord des vivres de journalier dont la consommation restât à justifier, il faudrait avoir également soin d'adresser au port d'armement. et par la première occasion, les feuilles justificatives de ces consommations; le commis des vivres provoquera l'envoi de toutes ces pièces, et en informera le directeur des subsistances du port comptable.

Le commis d'administration aura le plus grand soin d'indiquer sur chacune des feuilles de mouvements, soit de journalier, soit de campagne, la nature des passagers qui y figureraient, et de distinguer nominativement ceux qui, d'après des ordres particuliers, recevraient la ration à charge d'en payer la valeur.

Art. 11.

Les états constatant les consommations faites en sus de la ration règlementaire, doivent être motivés et détaillés de manière à faire connaître les quantités de denrées délivrées à chaque consommateur.

Ces consommations concernent les allocations accordées :

1° Dans les régions intertropicales ;

2° Au delà du 50e degré de latitude ;

3° Le supplément à délivrer aux hommes atteints de boulimie, d'après un certificat de l'officier de santé ;

4° Les doubles rations délivrées aux équipages à l'occasion des fêtes publiques ou pour travaux de force,

5° Les dépenses faites pour le service de santé certifiées par le chirurgien du bord ;

6° Enfin, toutes les dépenses que les commandants des bâtiments croiront devoir ordonner dans l'intérêt des équipages.

Tous certificats ou états de fournitures extraordinaires doivent être spéciaux et régularisés comme il vient d'être dit, ceux qui ne présenteraient pas les détails indiqués ci-dessus, ne seront point admis, et resteront pour le compte des signataires.

ART. 12.

Modification de la ration réglementaire.

Lorsque l'état de la santé de quelques individus exigera que la composition de la ration réglementaire soit modifiée, on fera connaître par des états spéciaux certifiés par l'officier de santé :

1° Les rafraîchissements délivrés pour ce motif ;

2° Les denrées réglementaires remplacées ;

3° Le nombre d'hommes qui ont pris part à ces distributions, le temps de leur durée, ainsi que les proportions d'après lesquelles elles auront été faites.

Mais les rations, ainsi modifiées devront être justifiées comme les autres rations et en faire partie. On aura seulement soin d'en établir la composition, dans la reddition des comptes, de conformité aux états justificatifs de ces dépenses.

ART. 13.

Procès-verbaux à dresser à bord.

Il ne sera dressé de procès-verbaux de pertes à bord que dans le cas de force majeure, tels que combats, voies d'eau, échouage, naufrage, incendie, démâtage, ou enfin par suite d'événements que le commis des vivres n'aurait pu prévenir ou éviter; ceux pour déchets, coulages et autres pertes semblables ne seront point admis.

Les vivres détériorés ne seront point jetés à la mer, si le bâtiment est dans le port ou en rade ; mais ils seront remis dans les magasins, après qu'on aura rempli les formalités nécessaires.

Si le bâtiment était en mer, et si les vivres détériorés étaient dans le cas de causer de l'infection à bord, il serait dressé procès-verbal pour constater leur jet à la mer.

Les futailles dont l'encombrement gênerait seront

vendues dans les lieux de relache et dans les formes prescrites; et, si quelques circonstances obligeaient d'en bruler ou d'en jeter à la mer, il en serait également dressé procès-verbal.

Le commis des vivres recevra une copie de chacun des procès verbaux faits à bord, laquelle sera certifiée conforme par le commis d'administration.

ART. 14.

Accord entre les feuilles de mouvements et les rôles de rations et d'équipage.

Le commis d'administration est chargé d'établir une exacte concordance entre les quantités de rations portées sur les feuilles ou états de mouvements et celles inscrites sur le rôle de rations. Ce dernier devra être également en rapport avec le rôle d'équipage, pour les journées de solde et de présence à bord.

Lorsqu'il arrivera qu'un homme absent du bord avec permission conservera néanmoins sa solde, la distribution de la ration sera suspendue à son égard mais le rôle de rations devra indiquer les causes de la différence qui existera entre les journées de solde et celles de présence à bord.

ART. 15.

Défense de faire des reserves particulières de vivres provenant de retranchements.

En aucun cas il ne peut être fait de réserves

particulières de vivres provenant de retranchements ou de non-distribution du tout ou d'une partie de la ration revenant à chacun des hommes de l'équipage, soit dans le but de faire ensuite délivrer ces denrées à titre de gratifications pour des travaux forcés, soit pour tout autre motif. Le commis des vivres ne pourra, en conséquence, délivrer aucun certificat pour cet objet, sous peine de radiation de tout ce qui y sera contenu.

Si, par suite de circonstances forcées à la mer, on était obligé de retrancher une portion de la ration à l'équipage, il en serait dressé procès-verbal, indiquant les espèces et quantités de denrées non délivrées.

ART. 16.

Tenue des rôles de rations et des registres de comptabilité du commis des vivres.

Le rôle de rations et le registre de comptabilité du commis des vivres doivent être tenus de conformité aux instructions qui se trouvent en tête de chacun d'eux.

Les consommations en rations et en denrées seront arrêtées chaque mois sur les états y relatifs, qui seront signés par le commis d'administration et l'officier chargé du détail.

Comme ces dépenses doivent coïncider avec celles résultant du relevé des distributions journalières constatées par le casernet de cambuse, ce relevé sera également arrêté à la fin du mois par le commis d'administration et l'officier chargé du détail; il sera rapporté par le commis des vivres au soutien de son compte.

L'inscription, sur le registre du commis des vivres, de toutes les pièces relatives à sa comptabilité, sera certifiée par le commis d'administration, qui signera aussi, après vérification, les autres parties de ce registre, telles que les récapitulations et balances; le tout ainsi que l'indiquent les formules imprimées.

Le commandant du bâtiment apposera son visa sur les différentes parties du rôle des rations qui sont dans le cas de le recevoir, après toutefois qu'elles auront été arrêtées et signées par le commis d'administration et l'officier chargé du détail.

ART. 17.

Déchets à porter en dépense.

Dans les quantités de vivres de journalier dont la dépense sera constatée et établie, on comprendra les 3 p. 0/0 accordés comme déchet de distribution sur la viande fraîche et les boissons.

Il sera également compris, dans les dépenses de vivres de campagne, un déchet de 3 p. 0/0 sur la farine, le biscuit et les boissons, et le surplus de l'allocation réglementaire sera accordé, s'il y a lieu, lors de l'apurement définitif du compte.

ART. 18.

Certificats du produit des bestiaux tués à bord.

Lorsque des bœufs et des moutons seront tués à bord, la quantité de viande distribuable qui en proviendra sera constatée chaque mois par le commis d'administration et l'officier chargé du détail; le certificat qui en sera dressé sera visé par le commandant et remis au commis des vivres, qui rapportera cette pièce à l'appui de son compte.

ART. 19.

Recettes de vivres dans les colonies.

Lorsqu'un bâtiment relâchera dans une colonie française, s'il est nécessaire d'y faire des vivres, les demandes seront dressées dans la même forme qu'en France, c'est-à-dire sur extrait de revue et en rations assorties, autant que possible. Les états constatant ces fournitures seront en triple expédition; l'une d'elles devra rester à bord, et les autres être remises à l'administration coloniale.

Ces états devront indiquer les quantités de denrées en poids et mesures selon le système métrique; ils seront arrêtés par les administrateurs qui auront fait les livraisons, certifiés par le commis d'administration, *acquittés par le commis des vivres*, et visés par l'officier chargé du détail et par le commandant du bâtiment.

ART. 20.

Recettes de vivres en pays étrangers.

En cas de relâche dans un port étranger, les demandes de vivres et de rafraîchissements doivent être adressées au consul de France ou à l'agent consulaire y résidant, lequel y pourvoira par des achats faits, cependant, de concert avec les autorités du bord, qui y interviendront et constateront les livraisons par des états en double expédition, et revêtus en outre des mêmes formalités que celles indiquées ci-dessus pour les fournitures faites dans les colonies, en y énonçant les quantités de denrées, non-seulement *en poids et en mesures du pays, mais aussi en poids et en mesures français.*

ART. 21.

Recettes de vivres en pays étranger, lorsqu'il n'y a point d'agent consulaire.

S'il ne se trouve point d'agent consulaire dans le pays, le commis d'administration devra, d'après l'ordre du commandant, faire les achats nécessaires; mais les marchés qu'il passera à cet effet devront ainsi que les états de fournitures, être visés par l'officier chargé du détail et le commandant du bâtiment, et signés par le commis des vivres qui y interviendra, tant pour faire connaître son avis sur la qualité des denrées que *pour en donner reçu.*

Les pièces à rapporter pour la justification de ces dépenses devront toujours être accompagnées d'un certificat du cours du change légalisé des monnaies du pays en monnaie de France, ainsi que des reçus ou quittances des particuliers qui auront fourni des vivres, surtout s'ils ont été achetés avec des fonds déposés à bord pour ces sortes d'achats; et, lorsque le commis d'administration tirera des traites qu'il donnera en payement, les reçus seront stipulés *valeur reçue en traite*, etc.

ART. 22.

Justification des dépenses en pays étranger, et mode de liquidation a suivre pour leur remboursement

Les états de fournitures ne devront comprendre que les denrées achetées pour la nourriture des équipages, et que les ustensiles mis à la charge du service *vivres*, d'après le règlement du 21 septembre 1831.

Les traites qui seront émises en payement des fournitures relatives au service *vivres* devront *cadrer* avec l'importance des états y relatifs.

Tous les états dressés en vertu des articles 19, 20 et 21, devront être établis *de conformité à la nomenclature adoptée* par l'instruction du 8 décembre 1837.

ART. 23.

Certificats négatifs.

Lorsqu'un bâtiment aura relâché dans une colonie ou dans un pays étranger, sans qu'il lui ait été fait aucune fourniture de vivres, il en sera fait mention par le commis d'administration sur le casernet portatif du commis des vivres, et cette attestation sera visée par l'officier chargé du détail et par le commandant du bâtiment.

ART. 24.

Remises de vivres dans les colonies françaises ou dans les pays étrangers.

Lorsqu'il y aura lieu de débarquer dans une colonie française ou dans un pays étranger, quelques portions de vivres de l'approvisionnement du bord, il en sera dressé procès-verbal; le commis d'administration fera près des autorités compétentes les démarches nécessaires pour leur admission dans les magasins; le commis des vivres effectuera les remises, et en retirera le récépissé, visé par qui de droit.

ART. 25.

Régularisation des pièces comptables avant le départ du bâtiment

Il est spécialement recommandé aux commandants des bâtiments de l'État de procurer les moyens nécessaires pour la régularisation, avant leur départ, de toutes les pièces de comptabilité rappelées ci-dessus; et, dans le cas d'empêchement résultant d'un appareillage forcé, le fait sera constaté par un procès-verbal signé des officiers de l'état-major, et visé par le commandant.

ART. 26.

Remise des pièces de comptabilité au retour des bâtiments.

Aussitôt le retour du bâtiment en France, les pièces relatives aux fournitures et remises de vivres faites pendant la campagne, dans les colonies ou dans les pays étrangers, seront déposées à la direction des subsistances; il en sera envoyé des copies en forme au ministre.

ART. 27.

Envois de vivres pour prolongation de campagne.

Lorsque les vivres envoyés de France, pour prolongation de campagne, aux bâtiments de l'État en station dans les colonies seront remis aux administrations coloniales, qui se chargeront de leur garde et de leur répartition, les formes à suivre pour l'embarquement de ces vivres seront les mêmes que celles tracées pour les autres fournitures faites dans les colonies.

Mais, lorsqu'il sera expédié des vivres à la destination spéciale d'un ou plusieurs bâtiments à la mer, et devant être remis à la consignation du commandant, il sera dressé procès-verbal, de leur recette à bord, afin de constater la qualité des denrées et les différences qui pourraient se trouver entre les quantités portées sur le connaissement et celles versées à bord ; le commis des vivres devra y intervenir, afin qu'après avoir reconnu les espèces et quantités de vivres dont il doit être chargé, il en fournisse son récépissé ; il lui sera délivré copie du procès-verbal de recette.

Art. 28.

Défense d'employer des vivres à d'autres usages qu'à la composition des rations.

Le commis des vivres ne doit délivrer de rations qu'aux individus portés sur les rôles et états de consommation du bord : il ne peut leur fournir que les espèces et quantités de denrées allouées par le règlement; il ne devra satisfaire à toute délivrance de vivres que sur un ordre écrit du commandant du bâtiment.

Il pourra cependant fournir aux officiers, pour la nourriture des volailles qu'ils embarquent, la mâchemoure qui proviendra du brisement naturel du biscuit; il en tirera un reçu qu'il aura soin de remettre, au retour de la campagne, à la direction des subsistances, pour que le payement de la valeur de cette mâchemoure puisse être réclamée à qui de droit.

ART. 29.

Défense d'altérer les denrées etc.

Il est expressément défendu au commis des vivres d'altérer les denrées de quelque manière que ce soit, d'en vendre ou d'en employer à d'autres usages qu'à la subsistance de l'équipage, d'en débarquer sans autorisation ou ordre spécial, et de consentir aucune compensation d'une denrée par d'autres : la composition des rations devant être uniforme.

Toute vente ou rachat de ration est pareillement défendu aux équipages, aux commis des vivres, et à tous autres, tant à terre que pendant les campagnes.

Il est également défendu aux commis des vivres à peine de confiscation et de destitution, d'acheter et d'introduire à bord, pour les vendre, ni boissons, ni autres comestibles : la cambuse ne devant servir que pour la distribution de la ration réglementaire.

ART. 30.

Versements de vivres à bord de bâtiments qui en réclameraient.

En cas de rencontre à la mer d'un navire qui aurait besoin de vivres, si le capitaine juge à propos de lui en faire délivrer, il en sera dressé un état en double expédition, certifié par le commis d'administration et par l'officier chargé du détail, visé par le commandant du bâtiment qui fait le versement : l'une des expéditions sera remise, avec les denrées, au bâtiment qui les reçoit, et la deuxième réservée par le commis des vivres qui a effectué la livraison.

Si le navire auquel les vivres sont fournis est un bâtiment de l'État, ayant un commis des vivres, l'état de versement devra être revêtu du récépissé de ce comptable, indépendamment des autres signatures requises.

Si le navire appartient au commerce ou s'il est étranger, le récépissé du capitaine suffira; mais il devra indiquer le port d'armement du bâtiment, ainsi que les noms et résidences des armateurs, afin de mettre le service des subsistances à même de réclamer le remboursement de la valeur des objets fournis. Pour que ces réclamations puissent être faites en temps opportun, il est enjoint aux commis d'administration d'adresser ces états dans le plus bref délai au chef maritime du port où le compte du bâtiment est ouvert.

ART. 31.

Liquidation des rations des fournitures extraordinaires et des pertes constatées.

Le directeur des subsistances du port où le compte

compte du bâtiment est ouvert fera emploi, dans ses compte généraux de consommations, non seulement des rations consommées suivant les feuilles de mouvements, mais aussi des fourniures extraordinaires légalement justifiées; si cependant quelques-unes de ces dernières paraissaient susceptibles d'observations, le directeur les soumettrait au chef maritime, et ne ferait emploi de ces fournitures que lorsqu'ils les aurait approuvées.

Les états ou certificats jugés non admissibles en liquidation seraient réservés pour être représentés lors de l'apurement du compte, ainsi qu'il sera dit ci-après.

Les pertes résultant des cas de force majeure indiqués aux articles 7 et 13 ne seront liquidés, dans les comptes généraux de consommations, qu'autant que les procès-verbaux qui les constatent auront été visés par le chef maritime du port comptable; et si cet administrateur ne les juge pas admissibles, la représentation de ces procès-verbaux n'aura lieu que lors de l'apurement du compte.

ART. 32.

Consommation du bois de chauffage et dispositions y relatives.

Le bois embarqué pour la cuisson des aliments de l'équipage doit être commun aux cuisines du capitaine et de l'État-major, et, s'il en est consommé pour d'autres services, les quantités seront constatées ainsi qu'il est dit à l'article 11.

Quoique les préposés des vivres à bord des vaisseaux de l'État n'y soient pas spécialement chargés de la garde et de la distribution du bois à brûler, le commis comptable ne doit pas moins en surveiller l'emploi, afin que la consommation n'excède pas les proportions d'après lesquelles ce combustible est embarqué; mais cette surveillance doit être également et plus efficacement exercée par le commis d'administration et l'officier chargé du détail.

Si le bâtiment se trouve près des parages où l'on puisse se procurer du bois gratuitement, et que le commandant juge à propos de s'en approvisionner, les quantités qui proviendront de ces coupes seront constatées à leur arrivée à bord, et le compte du commis des vivres en sera débité, afin que la totalité du bois de chauffage qui se trouvera à bord lors du désarmement soit remise dans les magasins des subsistances.

Les fournitures du bois d'arrimage devant être faites par le détail des approvisionnements de la marine, et ne concernant aucunement le service des vivres du bord, si le service des subsistances était dans le cas d'en effectuer, elles seraient liquidées d'après les livraisons des magasins, sans entrer dans la comptabilité du commis, et, par suite, la remise de ce qui reste à bord en cette espèce de bois doit être faite au magasin général, par les soins du maître d'équipage.

ART. 33.

Comptes courants des bâtiments.

Toutes les pièces relatives à la comptabilité d'un bâtiment seront envoyées au chef-lieu de l'arrondissement dans lequel son compte courant est ouvert.

Apurement.

La comptabilité de chaque bâtiment devra être apurée dans le port dont il dépendra.

Nul bâtiment ne cessera de dépendre d'un port qu'en vertu de dispositions particulières et spéciales.

ART. 34.

Désarmement dans les colonies ou en pays étrangers.

Dans le cas où un bâtiment serait désarmé dans les colonies ou dans un port étranger, il sera dressé un procès-verbal constatant les espèces et quantités de vivres et d'ustensiles remis à terre. En cas de vente, il en sera également dressé procès-verbal.

Le commis des vivres signera ces procès-verbaux et en rapportera une expédition à l'appui de son compte.

ART. 35.

Désarmement en France.

Lorsqu'un bâtiment devra désarmer, le commis

d'administration formera une demande tendant à remettre dans les magasins des subsistances les vivres et les ustensiles restant à bord; cette demande, après avoir été revêtue de l'approbation du chef maritime du port, sera remise à la direction, qui expédiera les ordres de recette en magasin.

Le commis des vivres suivra avec soin le débarquement des denrées et des ustensiles; il retirera des gardes-magasins les récépissés des quantités remises, qui seront constatées en présence du commis d'administration et de l'officier de corvée, comme pour l'embarquement des denrées : ces formalités devant d'ailleurs être toujours remplies chaque fois qu'il y a lieu de remettre de vivres à terre.

ART. 36.

Désarmement des bâtiments dans un port autre que celui dont ils dépendent.

Lorsque le compte d'un bâtiment devra être apuré dans le port de désarmement, il sera réclamé immédiatement au port dont dépendait le bâtiment désarmé un extrait de ce compte.

Apurement de la gestion dans le port de désarmement.

On se procurera, en outre, toutes les pièces de dépenses qui devront compléter la gestion du comptable, et il en sera fait emploi, dans les comptes généraux de consommations du port de désarmement.

Apurement de la gestion dans le port comptable.

Lorsque le bâtiment aura désarmé dans un port autre que celui où son compte est ouvert, il sera envoyé du port de désarmement toutes les pièces de comptabilité qui concerneront la géstion du comptable. Il sera joint à cet envoi un état des fournitures, remises, etc., opérées pendant le désarmement.

Par suite du changement de comptable.

Lorsqu'il y aura un changement de comptable, l'apurement aura lieu dans le port où le compte courant du bâtiment est ouvert.

Le port de relâche lui procurera, à cet effet, comme il est dit ci-dessus, tous les documents relatifs à la gestion, ainsi que les inventaires dressés entre les deux comptables.

ART. 37.

Reddition des comptes.

Dans la quinzaine qui suivra le désarmement du bâtiment, le commis d'administration déposera au bureau des armements les rôles justificatifs des rations consommées pendant la durée de l'armement du bâtiment, le commis d'administration déposera au bureau des armements les rôles justificatifs des rations consommées pendant la durée de l'armement du bâtiment, avec les pièces à l'appui.

Ces rôles étant nominatifs, et présentant non-seulement le nombre des rations consommées par chacun des individus embarqués, mais aussi toutes les recettes et dépenses de matières (denrées et ustensiles) devront servir de contrôle au compte à fournir par la direction des subsistances.

Le commis des vivres déposera, dans le même délai, à la direction des subsistances, ses registres de comptabilité, avec les pièces dont jusqu'alors il n'aurait pu faire la remise, conformément à l'article 36; il y joindra un rapport circonstancié des remarques qu'il aurait pu faire pendant la campagne sur la qualité et la conservation des denrées, sur la conduite et l'aptitude de ses subordonnés, et enfin sur les contraventions aux règlements qui pourraient avoir été commises, et auxquelles il aurait été obligé de souscrire : ce mémoire sera envoyé au ministre.

Le directeur des subsistances, après avoir complété, ainsi qu'il a été dit dans l'article 36, le compte courant du commis, l'arrêtera, et en adressera une expédition en forme au chef maritime du port, avec les pièces qui doivent l'accompagner.

Il ne sera rien négligé pour que le compte soit immédiatement apuré.

ART. 38.

Pièces à rapporter à l'appui des comptes de commis.

Les pièces que la direction des subsistances doit

rapporter à l'appui des comptes de commis sont les états de composition des repas, les états spéciaux mentionnés à l'article 12, ceux de versement de bord à bord, les procès-verbaux constatant des pertes non liquidées, enfin toute pièce dont il n'aurait pas déjà été fait emploi dans les comptes généraux du service des subsistances : les états de mouvements, certificats de fournitures extraordinaires liquidées, etc., etc., sont rapportées par la direction des subsistances, à l'appui de ses comptes trimestriels.

Il sera joint à chaque comptabilité une note appréciative des excédants et des déficits résultant de la balance du dernier exercice.

ART. 39.

Commission d'examen des comptes.

Les comptes des commis des vivres seront soumis à une commission spéciale qui les examinera, et donnera son avis sur les excédants et les déficits présentés par le comptable; sur les différences qui pourraient exister entre le montant des rations portées à son crédit d'après les feuilles de mouvements et celles résultant des rôles de rations; sur les déchets à allouer en sus des 5 p. 0/0 déjà passés en dépense dans les consommations des vivres de campagne, et jusqu'à la concurrence de 10 et 12 p. 0/0, embarqués; sur les farines, biscuits et boissons; sur l'admission ou le rejet des procès-verbaux, certificats, états de fournitures extraordinaires, et autres pièces non liquidées ni employées au crédit du compte; enfin sur le résultat général de la gestion du commis : son rapport sera soumis au conseil d'administration du port.

Le directeur des subsistances devra faire partie de cette commission, ou, à défaut du directeur, le sous-directeur ou un commis principal de ce service.

ART. 40.

Remise des comptes au conseil, leur présentation au ministre, et décharges à donner aux comptables.

Lorsque le conseil d'administration aura prononcé sur la gestion d'un commis des vivres, son compte et les pièces à l'appui seront adressés au ministre, par le chef maritime, avec une copie du rapport de la commission et deux extraits de la délibération du conseil.

Cette comptabilité sera examinée dans les bureaux du ministère.

Le ministre approuvera ou modifiera, selon qu'il y aura lieu, la délibération du conseil, et fixera la quotité de la gratification à allouer pour bonne gestion, conformément à l'article 42.

Un extrait de la délibération du conseil d'administration sera renvoyé, revêtu de la décision ministérielle, au chef maritime qui en suivra l'exécution.

ART. 41.

Retenue provisoire à exercer sur la solde des commis comptables. Ils ne pourront être réembarqués qu'après l'apurement de leurs comptes.

Une partie de la solde acquise par le commis comptable sera réservée provisoirement, et jusqu'à l'apurement définitif de son compte, comme garantie des déficits dont il pourrait être reconnu débiteur; cette retenue n'excèdera pas cependant trois ou quatre mois de solde intégrale, et elle cessera aussitôt que le commis aura été libéré de sa gestion.

Aucun commis des vivres ne pourra être embarqué comme comptable, s'il n'a rendu les comptes de sa gestion antérieure, et s'il n'en a obtenu une décharge. Toutefois, si le retard apporté dans l'apurement définitif de son compte ne peut lui être imputé, et si, après un examen préalable, les résultats en paraissent satisfaisants, le chef maritime du port pourra, sur la proposition du directeur des subsistances autoriser son embarquement.

ART. 42.

Moyens de subsistances accordés aux commis comptables pendant la reddition de leurs comptes, et gratifications pour bonne gestion.

Afin de procurer au commis des vivres des moyens d'existence pour le temps qu'exige la reddition de son compte, ce préposé sera, pendant les deux mois qui suivront le désarmement du bâtiment, placé à la caserne des marins, où il recevra la solde et la ration(1).

Lorsqu'un commis des vivres aura rendu des comptes satisfaisants, il sera dans le cas de recevoir une gratification proportionnée aux bons résultats que sa gestion aura présentés.

Cette gratification sera accordée par le ministre, sur la proposition du conseil d'administration.

ART. 45.

Mutation de comptable.

Enfin, lorsqu'un commis comptable des vivres à bord d'un bâtiment de l'État devra être remplacé, et que *son successeur ne consentira pas à se charger de la comptabilité antérieure à l'époque de son entrée en fonctions*, la gestion du commis débarqué devra être apurée dans la forme prescrite pour la reddition des comptes après désarmement.

Le commis débarqué jouira du bénéfice de l'article précédent, à moins que son remplacement n'ait eu lieu pour cause d'inconduite ou de malversation.

On dressera inventaire des denrées et des ustensiles restant à bord le jour de la mutation, et conformément aux dispositions contenues dans l'article 2.

[1] Suivant dépêche ministérielle du 17 août 1833, les commis entretenus n'ont pas droit à ces deux mois de solde, leur traitement à terre courant du jour de leur débarquement.

Le rôle des rations ne devra pas être clos à l'occasion d'une mutation de comptable; le commis d'administration se bornera à totaliser les recettes et les dépenses, en denrées et en ustensiles, reconues jusqu'à l'époque du changement.

Il en établira une balance dont il remettra un extrait pour servir de contrôle au compte à rendre par la direction des subsistances.

La remise des rôles de rations ne devant pas être effectuée dans le cas dont il s'agit, la commission spéciale chargée de l'apurement des comptes ne comparera pas le total des rations portées sur les feuilles de mouvement avec celles inscrites sur les rôles de rations.

Cette comparaison ne se fera qu'après le désarmement du bâtiment ; le commis d'administration reste seul responsable des différences qui pourraient y être reconnues.

ART. 44.

Les chefs maritimes et les commandants des bâtiments sont responsables de l'exécution des dispositions ci-dessus indiquées.

Paris, le 11 août 1838.

Le Ministre secrétaire d'État de la marine et des colonies,

ROSAMEL.

RÈGLEMENT

SUR LA COMPOSITION DES RATIONS EN USAGE DANS LE DÉPARTEMENT DE LA MARINE.

(Approuvé par une ordonnance du 5 février 1823, et modifié par une autre ordonnance du 31 janvier 1837.)

RATIONS DE MARINS ET AUTRES INDIVIDUS EMBARQUÉS SUR LES BATIMENTS DE L'ÉTAT.

RATION DE JOURNALIER.

Cette espèce de ration, qui se délivre tant aux hommes embarqués sur les bâtiments de l'État, dans les ports et rades de France, qu'aux individus mis en subsistance dans les caïennes ou autres établissements à terre, sera composée, pour chaque homme, sans distinction de grade, ainsi qu'il suit, SAVOIR :

PAIN	Pain frais provenant de farine de froment épurée à douze pour cent.	750 grammes	Les fixations établies ci-contre étant destinées à la nourriture d'un homme pendant un jour, la distribution en sera faite par tiers pour chacun des trois repas indiqués ci-après.
	ou		
	Biscuit (si les circonstances exigent qu'il en soit fourni.)	550 grammes.	
BOISSONS.	Vin de journalier.	69 centilit. (1)	
	ou eau de vie.	18 *id.* (2)	
	ou Bière *ou* cidre, si la fourniture des vivres a lieu dans les ports de la Manche, depuis Dunkerque jusqu'à Saint-Servan inclusivement	1 lit. 38 c. (3)	

Il sera embarqué 3 pour cent en sus des quantités nécessaires à la composition des rations en boissons, et ce pour faire face aux déchets qu'entraine leur distribution.

NOTA. Il n'est point accordé de boisson aux mousses.

(1) Avec 3 pour cent 0 lit. 7107 mil.
(2) *id.* 1854.
(3) *id.* 1 4214.

Déjeuners. Ce repas se composera seulement du tiers de la ration complète de pain et de boisson, c'est-à-dire de 250 grammes de pain et de 23 centilitres de vin, ou de 46 centilitres de bière ou de cidre, selon les localités.

Dîners. Il y aura, chaque semaine, quatre dîners gras et trois dîners maigres, qui se composeront indépendamment du tiers de la ration complète en pain et boisson,

SAVOIR :

Le dîner gras de (1)	Viande fraîche. . 250 grammes. (*) et de Légumes verts, à raison de. . . 16 millimes 1/2		Ces dîners se délivreront les dimanche, mardi, jeudi et samedi.
Le dîner maigre de (2)	Morue assaisonnée comme il sera spécifié ci-après.	120 grammes.	Les dîners maigres se délivreront les lundi, mercredi et vendredi.
	ou		
	Fromage	90 grammes.	

(1) Il sera fourni 3 pour 100 en sus de la quantité de viande fraîche nécessaire à la composition des dîners gras, afin de couvrir le déchet à la distribution.

Si l'on était dans le cas de faire consommer du lard ou du bœuf salé en journalier, les distributions de ces salaisons, ainsi que les additions dont elles sont susceptibles, seraient fixées conformément à ce qui sera réglé ci-après pour la ration de campagne; et si, au lieu d'argent pour l'achat de légumes verts, on était obligé de distribuer de l'oseille confite ou de la choucroûte avec les dîners gras, les proportions en seraient de 10 grammes d'oseille confite ou de 20 grammes de choucroûte pour chaque dîner en viande fraîche.

(2) Si, à défaut de morue et de fromage, on était dans le cas de distribuer du riz ou des légumes pour les dîners, les quantités seraient les mêmes que celles déterminées ci-après pour les soupers, ainsi que les assaisonements.

(*) Et 2575 avec 3 pour cent, 120 grammes pour soupers et 1236 avec 3 pour cent.

SOUPERS.

Le repas du soir ou souper se composera tous les jours, indépendamment du tiers de la ration complète en boisson,

SAVOIR :

De légumes secs (pois, fèves ou faïols).	120 g	Avec les assaisonnements déterminés ci-après.
ou		
De riz	60 grammes.	

S'il y avait impossibilité de faire la chaudière à bord, il serait distribué du fromage en place de légumes; mais alors ce comestible ne serait accordé qu'à raison de 60 grammes pour chaque souper.

Si, par une cause quelconque, on délivrait de la viande fraîche pour le souper de l'équipage, la quantité accordée pour ce dernier repas ne serait que de 120 grammes, au lieu de 250 qui reviennent pour le dîner, et cette seconde distribution de viande dans un jour ne donnerait lieu à aucune augmentation de la somme accordée pour achats de légumes verts, laquelle resterait toujours fixée à 16 millimes 1/2 par jour.

ASSAISONNEMENTS.

Huile d'olive. *ou*	18 grammes pour chaque dîner en morue. 6 grammes pour chaque repas en riz ou légumes.
Beurre	30 grammes pour chaque dîner en morue. 10 grammes pour chaque repas en riz ou légumes.
Vinaigre . . .	3 centilitres pour chaque dîner en morue. 5 millilitres pour chaque repas en riz ou en légumes.
Sel	22 grammes par homme et par jour.

CHAUFFAGE.	*(Voir le tableau ci-après)*	
LUMINAIRE.	Chandelle.	1 gramme 46 centigr. par ration.

RATION DE CAMPAGNE.

La ration à la mer dite *de campagne*, sera composée, pour chaque homme embarqué, quelle que soit sa qualité à bord, de la manière suivante :

SAVOIR :

PAIN.

Farine d'armement . . . . . 550 gram. (1)

ou

Pain frais en provenant. . . . 750 grammes

ou

Biscuit provenant de farine de froment épurée à 33 pour 100. 550 gram (2)

Il sera ajouté aux quantités de biscuit et de farine nécessaires pour la composition des rations ordonnées, 10 p. 100, destinés à subvenir aux déchets de garde et de distribution de ces denrées.

BOISSONS.

Vin de campagne . . . . . . 69 centilitr (3)

ou

Eau-de-vie . . . . 18 centilit (4)

ou

Bière ou cidre (si les circonstances l'exigeaient) . 1 lit. 38 centilit. (5)

Il sera également embarqué, en sus du nécessaire en boissons, un supplément de 12 pour cent, destiné à faire face aux déchets et coulages ordinares pendant la durée de la campagne.

NOTA. Il n'est point accordé de boissons aux mousses.

Les fixations établies ci-contre étant destinées à la nourriture d'un homme, pendant un jour, la distribution en sera faite par tiers pour chacun des trois repas spécifiés ci-après.

(1) et 5665 avec 3 pour cent. } 605 grammes avec 10 pour cent.
(2) *id.* *id.* }

(3) Avec 3 pour cent. . 7107 et avec 12 pour cent. . 7728.
(4) 1854 2016.
(5) 1,4214 1,5456.

DÉJEUNERS.

Indépendamment du tiers de la ration complète en biscuit et en boissons applicables à ce repas, il sera délivré des déjeuners chauds composés,

SAVOIR :

de café	20 grammes	Par homme et par jour.
et de sucre.	20 grammes	

L'administration pourra, pour des campagnes à faire dans les régions froides, et sur la demande des commandants, substituer au déjeuner en café un déjeuner composé d'une panade formée tant avec la portion de biscuit revenant pour le déjeuner, qu'avec les quantités de beurre, sel et poivre déterminées ci-après à l'article *Assaisonnements*.

DINERS.

Le marin recevra, chaque jour de la semaine, un dîner gras, à l'exception du vendredi, jour où il sera délivré un dîner maigre.

Chaque dîner gras se composera de.

Lard salé. . . . . 180 grammes

ou

Bœuf salé. . . . . 250 grammes

Et il sera ajouté à chacune de ces espèces de viande,

Légumes secs . .	60 grammes	Sans addition d'huile ni vinaigre
ou		
Riz	30 grammes	

Indépendamment des quantités de poivre et de moutarde fixées ci-après à l'article *Assaisonnements*.

Chaque dîner maigre se composera de . .

Morue (assaisonnée comme il sera fixé ci-après) . . . . . . 120 grammes

ou

Fromage . . . . 120 grammes

NOTA. Lorsque, dans les relâches en pays étrangers ou dans les colonies françaises, il sera jugé nécessaire de fournir de la viande fraîche en place de salaisons, la quantité de bœuf frais ainsi que la somme à allouer pour achat de légumes verts seront les mêmes, que celles qui sont fixées pour la ration de journalier. Mais si l'allocation de seize millimes et demi pour légumes verts était reconnue insuffisante, il ne pourra y être suppléé que par suite de la libération d'une commission nommée par le commandant, et dont le chirurgien-major fera partie sans cependant que la nouvelle allocation puisse, en aucun cas, excéder 26 millimes par ration de viande fraîche.

Soupers.

Indépendamment du tiers de la ration complète en biscuit et en boisson incombant à ce repas, il sera délivré, pour chaque homme et par jour :

Légumes secs . . . . 120 grammes

ou

Riz . . . . 60 grammes

Et, indépendamment des assaisonnements déterminés ci-après, il sera ajouté à chacun de ces légumes :

Oseille confite . . . . 10 grammes

ou

Choucroûte . . . . 20 grammes

ou

Achards . . . . 75 décigrammes.

Nota. La substitution du fromage aux légumes, que des circonstances pourraient nécessiter, aura lieu en campagne à raison de 90 grammes.

Assaisonnements.

Huile d'olive	18 grammes pour chaque dîner en morue. 6 grammes par repas en riz ou légumes.	
Beurre	pour panade, 15 grammes par homme et par jour.	
Vinaigre . . .	3 centilitres pour chaque dîner en morue. 5 millilitres pour chaque repas en riz ou en légumes. 5 millilitres pour chaque repas en riz ou en légumes. 5 millilitres par homme et par jour, tant pour aciduler l'eau des charniers que pour la préparation de la moutarde et l'aspersion du bâtiment.	
Sel	tant pour panade que pour l'assaisonnement du riz et des légumes,	24 grammes par homme et par jour.
Graine de moutarde.	pour chaque dîner en salaisons 2 grammes.	
Poivre ou piment.	pour chaque déjeuner en panade, 15 centigrammes; pour chaque dîner en salaisons, 15 centigrammes.	

Chauffage. (Voir le tableau ci-après).

LUMINAIRE. (1)			
	Bougie pour tout bâtiment ayant	moins de 250 rationnaires.	1 gramme 32 centigram. par ration.
		de 250 à 500 . .	1 gramme par ration.
		au-dessus de 500	88 centigrammes par ration
	Huile à brûler		1 gram. 46 cent. par ration
	Coton filé		2 gr. par kil. d'huile à brûler
	Chandelle		1 gramme 46 centigrammes

RAFRAICHISSEMFNTS A EMBARQUER.

Le nombre de jours de rafraîchissements à embarquer sur les bâtiments de l'État sera fixé ainsi qu'il suit;

SAVOIR :

Pour les campagnes dans l'Inde	120 jours.
Pour celles à l'île Bourbon et à Madagascar.	90
Pour celles de la côte d'Afrique	60
Pour celles de l'Amérique.	45
Pour celles de la Méditerranée ou de la mer Baltique .	30

Et pour les destinations inconnues, du tiers de la durée présumée de la campagne, d'après les vivres embarqués.

Les espèces et quantités de denrées, ainsi que les proportions dans lesquelles s'effectuera leur embarquement, seront réglées, pour cent hommes pendant trente jours, ainsi qu'il suit;

SAVOIR :

Viandes désossées, bouillies et accompagnées de gelée pour 3000 rations	27 kil.	187 gr.
Gelée de viande	2 kil.	000
Chocolat préparé	0 kil,	500 gr.
Prunes	7	300
Raisiné ou beurre.	5	000
Sucre	2	900

(1) Suivant dépêche ministérielle, du 19 février 1844, le Luminaire, (*bougie stéarique*) a été fixé, Savoir :

moins de 250 rationnaires	0,88 centigrammes	par ration.
de 250 à 500	0,67	id.
au-dessus de 500	0,59	id.

RATION DE MALADE.

La ration de malade à la mer sera prise tant sur les rafraîchissements embarqués que sur le pain et les boissons de la campagne; elle sera composée chaque jour (sauf les modifications et réductions qui pourraient être prescrites par l'officier de santé) ainsi qu'il suit;

SAVOIR :

	Pain frais blanc	612 gr. (1)
	Vin de campagne	69 centilitr.
	Déjeuner, chocolat	30 gr. (2)
Diner.	Gelée de viande pour bouillon	25
	Viande désossée et entourée de gelée	180
	Mouton	245
	Poule	1/7
	ou	
	Mouton seul	0,265
	Poule seule	3/7 ou 43 c.

La conversion de pain en farine d'armement est de 73 kilog. 1/5 par 0/0 kilo. de pain, plus les 5 p. 0/0.

Souper.	Riz	60 grammes
	Avec sucre ou beurre	15
	ou	
	Prunes	120
	ou	
	Raisiné	90

Nota. Les parties de pain et de vin non consommées, d'après les prescriptions de l'officier de santé, pourront être employées, les premières en cataplasmes et les secondes en fomentations pour les blessés, ou eau vineuse pour boisson habituelle des malades auxquels elle pourrait être utile.

PORT

par homme et par jour.

Eau de vie, pour alcooliser l'eau des troupes de marine	1/32 ou 3125
Vinaigre pour aciduler l'eau des ouvriers	0 lit. 03 cent.

(1) Ou farine 4488, avec 3 pour cent, 462,264.
(2) Ou raisiné 0 kilo 015.

TABLEAU de distribution des repas d'après la durée des campagnes ordonnées.

INDICATION DES RATIONS ET DES REPAS.		DISTRIBUTION DES REPAS.							
		1 mois 30 jours.	2 mois 60 jours.	3 mois 90 jours.	4 mois 120 jours.	5 mois 150 jours.	6 mois 180 jours.	7 mois 210 jours.	8 mois 240 jours
PAIN	Farine d'armement, ou pain en provenant. . . .	10	20	30	40	50	60	70	80
	Biscuit. . .	20	40	60	80	100	120	140	160
		30	60	90	120	150	180	210	240
BOISSONS.	Vin de campagne	28	57	85	114	142	170	198	225
	Eau-de-vie.	2	3	5	6	8	10	12	15
		30	60	90	120	150	180	210	240
DÉJEUNERS.	Café	30	60	90	120	150	180	210	240
DINERS	Lard salé . .	17	35	53	79	105	130	156	182
	Bœuf salé . .	8	16	24	24	24	24	24	24
	Morue. . . .	3	6	8	8	8	8	8	8
	Fromage. . .	3	3	5	9	13	18	22	26
		30	60	90	120	150	180	210	240
SOUPERS	Légumes. . .	25	50	75	100	125	150	175	200
	Riz	5	10	15	20	25	30	35	40
		30	60	90	120	150	180	210	240

OBSERVATIONS ESSENTIELLES.

Les bâtiments destinés pour les Antilles ne recevront en France que 60 jours de café et de sucre ; ceux destinés pour le Brésil et les mers du Sud, 90 jours, et ceux destinés pour Bourbon et les Indes orientales, 120 jours.

Pour toutes les autres destinations, ils recevront la totalité de leur nécessaire, pour les déjeuners, tel qu'il est fixé par le tableau ci-dessus.

Si, par la faculté accordée aux commandants, il était délivré des déjeuners en panade au lieu de déjeuners en café, le nécessaire de ces derniers serait, bien entendu, réduit dans une proportion égale.

RATION DE TROUPES D'ARTILLERIE ET D'INFANTERIE.

Pain frais provenant de farine de froment épurée à 12 pour 100. . . . . 750 grammes.
Vin de campagne pour gratification sans les 3 p. 0/0 50 centilitres

NOTA. La ration des compagnies d'ouvriers d'artillerie et d'apprentis canonniers, ainsi que celle des agents de surveillance des chiourmes, est la même que celle des troupes d'artillerie et d'infanterie de la marine.

A Toulon, vin de journalier. . . . . 0,23 centilitres.

RATION DE PRISONNIERS DE GUERRE.

Pain frais provenant de farine de froment épurée à 12 p. 0/0 . .	490 grammes	par homme et par jour.
Vin de journalier.	23 centilit (1)	
ou		
Bière ou cidre	46 centilit.	
Viande fraîche.	490 gram. (2)	
Sel.	10 gr.	
Bois. (*Voir le tableau ci-après*).		

Le supplément de 3 pour 100 sur le vin et la viande est applicable à cette ration.

(1) 0,2369.

(2) ou 0,5047.

RATION DE CHIOURMES.

RATION DE FORÇATS AU TRAVAIL.

Pain frais.	917 grammes.	par homme et par jour.
ou		
Biscuit.	700 gram. (1)	
et		
Fromage avec la ration de biscuit	30 gram. (2)	
Vin de journalier	48 centilit. (3)	
ou		
Bière ou cidre.	96 centilitres.	
Légumes secs.	120 grammes.	
Huile d'olive.	4 gr. 90 cent	
ou		
Beurre	8 gr. 82 cent	
Sel	10 grammes.	

NOTA. Les légumes secs pourront être remplacés pour la viande salée à raison de 0,180 grammes par ration. Le beurre pourra de même être remplacé par le lard salé à raison de 0,0190 par ration.

RATION DE FORÇATS SANS TRAVAIL.

Pain frais.	917 grammes.	par homme et par jour.
ou		
Biscuit.	700 grammes.	
Légumes secs	120 grammes.	
Huile d'olive.	4 gr. 90 cent.	
ou		
Beurre	8 gr. 82 cent	
Sel	10 grammes.	

(1) ou 0 775 sans fromage.

[2] sans biscuit 0,090.

[3] avec 1/2 pour cent.

RATION DE FORÇATS INVALIDES.

Pain frais.	750 grammes.	par homme et par jour.
Vin de journalier	24 centilitres	
Viande fraîche . . . . avec légumes verts, à raison de	250 gram. (1) 25 millimes.	les mardi, jeudi, samedi et dimanche.
Légumes secs. . . . . avec huile d'olive . . . . . *ou* Beurre	120 grammes 4 gram. 99 c. 8 gr. 82 c.	les lundi, mercredi, et vendredi.
Sel	10 gr par hom. et par jour.	

NOTA. Le pain entrant dans la composition de la ration des forçats, soit au travail, soit sans travail, soit invalides, sera généralement fait avec des farines de froment épurées à 12 pour 0/0 Mais lors des fabrications de biscuit, les excédants de l'épurement de la farine à biscuit sur les 12 pour 0/0 extrait seulement de la farine à pain entreront dans la confection du pain des forçats.

RATIONS DE CHIOURMES.

A Toulon.	Bois	1 stère 20 c. par 1000 rations.
	Chandelle	4 kilo. par trimestre.
A Brest. . .	Bois	1 stère par jour.
	Chandelle	0,500 id.

(1) plus 3 pour cent [2575].

TABLEAU des quantités de bois de chauffage et de charbon de terre à délivrer pour la cuisson des aliments, pour journalier et pour campagne.

SAVOIR :

		QUANTITÉS PAR MOIS	TARIF DU 4 OCTOBRE 1844. QUANTITÉS PAR MOIS. Bois.	Charbon.	divisés par 125 k à défaut de charbon.
		stère cent.	st. c.	K.	st. c.
VAISSEAUX	de 1er rang	55 »	13 50	5200	41 60
	de 2e *idem*	50 »	12 50	4700	37 60
	de 3e *idem*	45 »	11 »	4200	33 60
	de 4e *idem*	41 »	10 »	3800	30 40
FRÉGATES.	de 1er rang	33 »	8 »	3100	24 80
	de 2e *idem*	30 »	7 50	2800	22 40
	de 3e *idem*	22 »	5 50	2100	16 80
CORVETTES	à gaillards de 28 à 30 canons	18 »	4 50	1700	13 60
	sans gaillards de 24 canons	16 50	4 »	1550	12 40
Corvettes de charge		16 50	4 »	1550	12 40
Autres corvettes et bâtiments ayant 100 h. d'équipage et plus		11 »	2 50	1050	8 40
BATIMENTS ayant	de 70 à 99 hommes	8 25	2 »	800	6 40
	de 50 à 69 *idem*	7 25	1 75	700	5 60
	de 30 à 49 *idem*	6 50	1 50	600	4 80
	de 10 à 29 *idem*	5 »	1 25	500	4 00
	de 10 hommes et au-dessous	un centistère par ration.	0 25	100	0 80
Bois à délivrer, tant pour les troupes et autres passagers embarqués sur les bâtiments de l'État, que pour le service journalier des bâtiments, lorsque leur équipage n'est pas aux deux tiers complet, et pour celui des caïennes.			pour 100 rations.	pour 100 rations.	
Pour cent hommes par mois. 8 st., 25 c.			2 00	800	6 40
Pour un homme par jour . . 0 00275					

Charbon de terre.

A bord des bâtiments où l'on consomme du charbon de terre en roche pour les cuisines, ce combustible sera embarqué à raison de cent douze kilogrammes pour un stère de bois. (1).

Fournitures extraordinaires et hors du service en rations.

Indépendamment des distributions applicables à la ration ordinaire du marin dont le détail précède, il est d'autres consommations qui se font habituellement à bord des bâtiments à la mer, et qui, variant selon les climats où ils se trouvent, sont, en raison de leur éventualité, considérées comme des fournitures extraordinaires.

Les proportions de ces dernières consommations seront réglées de la manière suivante :

1° Il sera délivré aux équipages des bâtiments en mission à Terre-Neuve ou naviguant dans les mers boréales ou australes, c'est-à-dire au delà du 50e degré de latitude nord et sud, un supplément de biscuit qui est fixé à 60 grammes par homme et par jour.

2° Les bâtiments devant former la station de Terre-Neuve recevront de la mélasse, destinée à faire,

(1) Le stère de bois pèse 480 kilogrammes.

avec les bourgeons du sapin du Nord, la boisson habituelle du marin, désignée à bord sous le nom de *sapinette*. Cette fourniture, qui exigera un ordre spécial de l'administration de la marine dans les ports d'armement ou de départ des navires, sera calculée à raison de 30 grammes de mélasse par homme et par jour, et pour la durée présumée du séjour des bâtiments dans les parages du banc de Terre-Neuve.

3° Les équipages des bâtiments en station dans les colonies françaises d'Amérique, ou naviguant entre les deux tropiques, jouiront, indépendamment des boissons entrant dans la composition de leur ration ordinaire, d'une boisson habituelle composée comme suit :

Eau-de-vie, tafia ou rhum	25 millil. (1)	Par homme et par jour, pour être mêlées à l'eau des charniers.
Sucre-cassonnade	10 grammes	
Vinaigre	2 centilitr.	

Les deux centilitres de vinaigre seront remplacés par un demi-citron ou par la moitié d'une orange amère, lorsque les bâtiments pourront se procurer de ces fruits ; et attendu la facilité d'en obtenir dans les Antiles, et de se pourvoir aussi de sucre et de tafia, il ne sera fait aux bâtiments ayant cette destination aucune fourniture de ce genre avant leur départ de France (à moins d'un ordre spécial). Les bâtiments destinés pour les Indes orientales et

(1) Au port de Toulon, eau-de-vie pour acidulage 1-32 ou 3125.

l'île Bourbon en recevront pour cinquante jours, durée présumée de leur séjour entre les tropiques pendant leur traversée.

Quant à ceux destinés pour le Sénégal et la côte d'Afrique ils en recevront pour la moitié de la durée présumée de la campagne ordonnée d'après les vivres embarqués.

4° Enfin, dans les climats tempérés, l'eau des charniers sera acidulée dans la proportion convenable, au moyen du vinaigre embarqué à cet effet; mais, comme cet acide se trouve compris dans l'approvisionnement en vivres de campagne des bâtiments, tel qu'il a été réglé ci-dessus, cette dernière consommation ne donnera lieu à aucune livraison spéciale des magasins, ni à aucune justifications de dépenses extraordinaires.

Quant aux distributions supplémentaires de biscuit, à la fourniture de mélasse et à celle des denrées composant les boissons alcoolisées, elles seront justifiées par des états de fournitures extraordinaires.

Les commandants pourront, comme par le passé, accorder aux hommes atteints de boulimie les suppléments de pain ou de biscuit qui seront déterminés par l'officier de santé en chef.

Ils pourront également ordonner lorsqu'il y aura lieu, la distribution des doubles rations qui s'accordent aux équipages à l'occasion des travaux extraordinaires et forcés ou de réjouissances publiques;

il est entendu toutefois que l'ordre donné pour une *double ration* en boissons ne doit s'appliquer qu'à la quantité revenant pour un repas seulement.

Toutes les consommations et fournitures extraordinaires rappelées ci-dessus devront d'ailleurs être régulièrement justifiées et constatées selon les formes prescrites par les règlements sur la comptabilité des bords.

Paris, le 31 janvier 1837.

Signé LOUIS-PHILIPPE.

Par le Roi :

Le Ministre Secrétaire d'État de la marine et des colonies,

Signé ROSAMEL.

FOURNITURES HORS DE SERVICE EN RATIONS.

DINERS

Pain.	0 k.	250 grammes.
Vin	0 l.	2369 millilitres.
Fromage.	0 k.	090 grammes.

TABLE ANALYTIQUE

RÈGLEMENT.

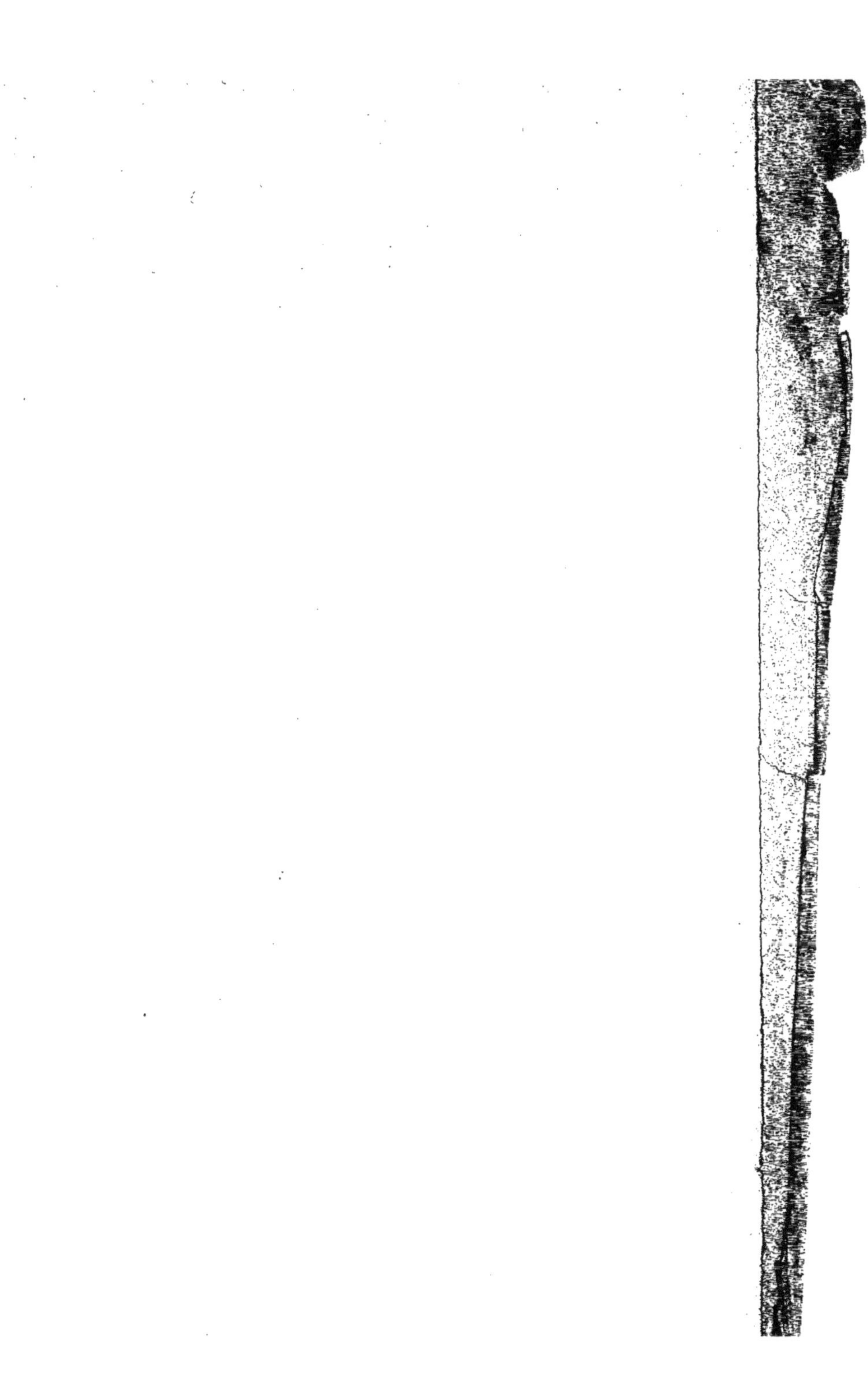

Le Décompteur pour MM. les commis de l'administration de la Marine, par M. Valence, prix 5 fr.

Fonque, guide légal contenant les lois, ordonnances, règlements des ports, 9 fr.

Beaussant, code maritime, 2 gros vol. in-8, prix 18 fr.

Code des bris et naufrages, prix 10 fr.

Trigonométrie, ouvrage exigé dans les examens pour les commis de marine, par M. Latière professeur, 3 fr. 50 c.

Ordonnance sur le contrôle, 4 fr.

Ordonnance sur le service à la mer, 1 gros vol. in-8, 7 fr.

www.ingramcontent.com/pod-product-compliance
Lightning Source LLC
LaVergne TN
LVHW010038230826
846091LV00005B/1767

* 9 7 8 2 0 1 1 2 6 6 2 5 5 *